코리아, 켄터키

시산맥 해외기획시선 015

코리아, 켄터키
시산맥 해외기획시선 015

초판 1쇄 발행 | 2021년 3월 30일

지 은 이 | 노세웅
펴 낸 이 | 문정영
펴 낸 곳 | 시산맥사
편집주간 | 김필영
편집위원 | 오현정 강수 정선
등록번호 | 제300-2013-12호
등록일자 | 2009년 4월 15일
주   소 | 03131 서울특별시 종로구 율곡로 6길 36.
          월드오피스텔 1102호
전   화 | 02-764-8722, 010-8894-8722
전자우편 | poemmtss@hanmail.net
시산맥카페 | http://cafe.daum.net/poemmtss

ISBN 979-11-6243-164-1 03810

값 9,000원

* 이 책은 전부 또는 일부 내용을 재사용하려면 반드시 저작권자와 시산맥사의 동의를 받아야 합니다.
* 이 도서의 국립중앙도서관 출판도서목록은 서지정보유통지원시스템 홈페이지(http://seoji.nl.go.kr)와 국가자료종합목록 구축시스템(http://kolis-net.nl.go.kr)에서 이용하실 수 있습니다.

* 이 시집은 교보문고와 연계하여 전자책으로도 발간됩니다.
* 본문 페이지에서 한 연이 첫 번째 행에서 시작될 때에는 〈 표기를 합니다.

코리아, 켄터키

노세웅 시집

■ **서문** _ 최연홍(시인)

　노세웅 시인,
　그의 마음은 이성적이다. 그가 살아온 궤적은 과학 기술 분야이다. 그러나 문학을 동경하고 사랑하는 마음이 아직도 시를 찾아가게 하고 있다. 지난 30년 가까이 이웃으로 살아가면서 그가 살아온 삶, 그의 인품을 알게 되고 그의 시와 산문을 읽게 되면서 우리는 윤동주 문학의 동인이 되었다. 어느 나라에도 없는 윤동주 문학회가 워싱턴에 생겨나, 성장하게 된 것도 그의 인품과 문학사랑에 바탕을 두고 있다. 나는 그를 믿고 윤동주 문학회 깃발을 세우게 된 것이다. 처음에 그 문학회 총무로, 부회장으로, 회장으로, 지금은 이사장으로 윤동주 문학회를 지탱하고 있다.
　그의 시에는 슬픔보다 기쁨, 은유보다 해학이 있다. 그의 시에는 문경 촌놈이 미국에 이주해온 인생사와 그 촌놈이 세계여행을 즐기는 기쁨과 감사가 들어 있다. 그의 시에는 기독교적인 아가페 사랑이 깃들어 있고 선을 베풀며 살아가려는 인간적인 의지가 엿보인다. 그는 문경 산골의 가난한 집안에 태어나 수재형 머리와 착한 인성으로 국비로 운영하던 서울의 체신고등학교로 진학하고 그 후의 삶은 체신부, 외무부의 관리로 인도, 미국의 한국대사관에서 일하게 되고, 그 후 세계은행에서 일하고 은퇴하면서 이웃들에게, 친구들에게 선한 마음을 베풀어 사랑과 존경을 받고 있다.

그의 시는 선한 마음에 있다. 그는 현학적 무의미의 시나 난해시를 거부한다. 그의 시에는 주어진 조건에서 최선의 노력을 다하는 착한 사람이 들어 있다. 문학은 무엇인가? 시가 무엇인가? 물어야 한다. 시인은 착한 사람의 마음을 찾아가는 사람이다. 다른 시인이 슬픔을 노래하도록 내버려 두자. 인생의 어두운 골목을 노래하도록 그대로 두어라. 그러나 노세웅에게는 인생의 기쁨과 감사를 노래하게 하자. 나는 워싱턴 문학과 윤동주 문학에서 노세웅이 보여주고 있는 시문학이 오히려 빛나고 있다고 말한다. 그의 시가 너무 정직해서 시가 창작이 아니라는 게 흠이 될 수 있지만, 문학은 선한 마음을 찾아기는 길이라고 생각한다. 문학의 궁극적 목표는 인간의 어두운 골목을 밝혀주는 환한 전등이 아니겠는가?

윤동주는 우리에게 무엇을 남겨주었나?

부끄러움 없는 삶을 살아라!

그의 메시지가 바로 노세웅 시인이 천착하는 선한 삶이 아니겠는가?

■ 시인의 말

 췌장암으로 투병 중에도 서문을 써 주신 최연홍 시인께 마음속 깊이 감사드린다. 서문을 써 주신 후 유명한 존스 합킨스 병원에서 소천하신 최연홍 시인의 마지막 큰 선물이다. 다시는 함께할 수 없는 아쉬움에 눈물이 앞을 가린다. 천국에서 명시를 써서 꿈속으로 보내 주시기를 바란다. 내 시집보다 최연홍 시인의 서문이 더 값지다.
 코로나바이러스를 원망하다가 감사한 일을 생각해 보았다. 50여 년 동안 일할 수 있었던 직장에 감사, 40여 년 운전을 했어도 큰 사고 없음에 감사, 홀인원 한번 하지 못하였지만 70여 년 건강을 주신데 감사, 만인의 심금을 울릴 시 한 편 쓰지 못했지만 이럴 때 시집을 낼 수 있는 현실에 감사한다.
 코로나바이러스는 나에게 가택연금을 명하였다. 나는 나의 죄를 깊이 반성하여 보았다. 지구를 오염시킨 일, 바다를 오염시킨 일, 빙하를 녹여 인류의 멸망을 재촉한 일과 이웃을 사랑하지 않은 죄 등 수없이 많은 죄를 깨닫게 되었다. 그러나 아무것도 할 수 없을 것 같았던 생활에서 하나씩 할일을 찾아서 시작을 하니 그동안 미루어 두었던 일이 하나씩 나타나기 시작했다. 태산의 정상까지는 오르지 못했지만 매일 노력을 했고 조금씩은 올랐다고 자부한다. 포기하지 않고 할 수 있는 만큼 하고 있다. 이만큼의 건강에 감사하고 아들 딸 손자 손녀들 가까이 있어서 감사한다. 친구들이 있어서 감사하고 교회에 함께 다니는 교우들, 운동을 함께 하는 친구들에게 감사한다. 워싱턴에 살고 있는 모든 문인 친구들께 감사한다. 한국의 박이도 시인, 안도현 시인, 김훈 작가, 임헌영 평론가, 도종환 시인, 정호승 시인, 김용택 시인, 이정록 시인께 감사한다. 70여 년 긴 세월을 함께한 시조 시인 민병찬에게도 감사한다.

일본의 여류 시인 시바다 도요와 미국의 샤갈 늦깎이 화가 헤리 리버맨의 늦은 출발을 보며 나도 해 보고 싶은 의욕이 생겼다. 마침 이 도시에 도와주고 함께하는 많은 동인들이 있어서 큰 도움이 되었다.

은퇴 후 20년, 그간 워싱턴 문인회, 윤동주 문학회에 참여하면서 쓴 시와 신문과 잡지에 발표한 시를 모아 코로나바이러스 팬더믹을 통과하면서 책으로 묶어서 내놓는다. 세월이 침 빠르다 70마일로 달린다.

금년이 결혼 50주년 되는 해다. 50년 동안 함께한 아내의 사랑과 희생에 감사한다. 결혼 50주년 기념으로 세 번째 시집을 상재할 수 있어서 감사한다. 늦깎이 시인으로 이름을 날릴 날이 올지 혹시 홀인원을 한 번 할 수 있을지 기대해 본다.

2021년 3월
버지니아 페어펙스에서 노세웅

■ 차 례

서문 – 10
시인의 말 – 12

1부 향수

별세계 – 21
어머니, 나의 어머니 – 22
또 다른 천사 – 24
별에서 온 아이들 – 26
대추 수확 – 27
크리스마스 카드 – 30
코리아, 켄터키 – 32
빚과 빛 – 34
소리의 비밀 – 36
노인학교 – 34
백 년만의 폭설 – 38
백 세 인생 – 40
시니어 센터 – 41
개구리들의 합창 – 42
시니어 봉사 – 44

2부 여로

케이프 혼을 지나며 — 49
아마존의 눈물 — 50
아마존 강 1 — 52
아마존 강 2 — 54
여행 찬가 — 56
아마존 정글 1 — 58
아마존 정글 2 — 60
희망 — 61
킬리만자로와 아마존 정글 원숭이 이야기 — 62
마야 문명 — 64
큰 바위 얼굴 — 66
우루과이 — 68
세도나 — 70
땅 끝 마을 순례자 — 71
수상 도시 — 72
땅 끝 마을을 찾아서 — 74
두 도시 이야기 — 76
뉴올리언스 황혼 — 78
시집보낼 데도 없고 — 80
아메리칸 드림 — 81

아테네 교훈 - 82
영정 사진 - 86
오늘 밤에도 달이 뜨겠지 - 87
은퇴 1주년 - 88
은혜의 빚 - 90
이방인 - 91
이민 1세대 - 92

3부 코로나 바이러스

범사에 감사하라 - 97
봄이 오면 - 98
경계인 - 100
어머니와 아들 - 102
코스코 나들이 - 103
코로나 바이러스 생일 파티 - 104
로마서 - 106
역경 끝에 위인이 - 108
아메리칸 풋볼 - 110
코로나 바이러스 난리 - 112
춤추는 나뭇잎 - 114
사랑은 코로나 바이러스를 넘어 - 115

결혼 50주년 – 116
사바나의 봄 – 118
마스크 – 120
인생은 여행 – 122

4부 윤동주의 저녁

부활 – 127
동지사 대학 역에서 – 128
동지사 대학 윤동주 시비 앞에서 – 130
후쿠오카 감옥 – 132
윤동주 시인에게 – 133
윤동주 시인의 밤 – 134
윤동주 언덕 대화 – 135
릿쿄 대학 교정에서 – 136
워싱턴 한국 문화원에서 – 138
야나기하라 야스코 여사 – 139
나의 서시 – 142

■ 시작노트 – 144

1부

향수

별 세계

문 하나 열고 보면 별세계다
아직 잔설이 쌓여 있는데
안에서는 수영을 하고 있다

적도에 있는 나라에 가면 겨울에도
오렌지가 탐스럽게 익어가는
별세계가 있다

마음 문을 열고 들어가면
고향의 친구들과 뛰놀던
별세계로 들어간다.

어머니, 나의 어머니

아침부터 저녁까지
뜨고 내리는 비행기가 보이는 골프장에서
하늘을 바라보면 어머니 생각

미국행 비행기를 타보지 못하고 돌아가신 어머니
제주도행 비행기 탄 것도
동네 어르신들께 자랑하시던 어머니

미국에서 자리 잡고 형편이 되면
미국 구경 시켜 드린다고
비행기 값 보내 드리려 했는데

뭐가 그리 급하셨든지
하늘나라로 훨훨 날아가신 어머니
하늘에서도 자식 위하여 빌고 계실 어머니

농촌에서 시계가 없어도 시간 맞추어
아침을 해 놓고 자식을 깨우던 어머니
정한수 떠 놓고 새벽마다 빌던 어머니

〈
조상들께 자식 잘 되게 빌고
천지신명께 자식 잘 되게 빌고
부처님께 가정 잘 되게 빌고 또 빌던 어머니

미국 한 번 다녀가셔서
동네 사람들에게 미국행 비행기 이야기
하게 해 드리지 못한 불효자는 오늘도 웁니다

자식 잘 되게
언제나 희생만 하신 어머니
이제서야 후회합니다

미국의 수도에 있는 중산층 집에서 살면서
아내와 일주일에 한두 번 골프장에서 보내는
노후도 다 내 어머니의 기도

한국으로 가는 비행기
워싱턴에서 내리는 비행기가 어머니 모습.

또 다른 천사

일기 예보 그대로 새벽부터 함박눈이
공수부대 적진에 침투하듯 낙하산 타고 내려오네
교회 십자가 위에도
무서운 소식 가득 실은 조간 신문기사 위에도
눈이 쌓이네
먼 데서 온 손자 손녀 천사들
소복이 쌓인 눈 뭉쳐
날개 달린 천사들 만들어 놓고
눈보다 더 희게 동네 길도 치우네

이웃들도
눈사람에게 모자를 선물하고
목도리 둘러 주니
함박눈이 춤을 추며 지상에 내리네

훈훈한 장작불
겨울 아궁이 속 활- 활 타 오르니
겨울이 가고 봄이 올 듯하네

〈
오! 손에 손잡고 함박눈
하늘에서 춤을 추니
천사들도 땅 위에서 즐거운 노래 부르니
여기가 바로 천국일세.

별에서 온 아이들

벽에 걸려 있는
유치원 교복 입은
흑백 사진 속의 아이들
지난 40년 활짝 웃고 있다

앞으로 40년을 더 그렇게 활짝 웃고 있을
사진을 보며 나도 따라 웃는다
흑백 사진 한 장이
이민생활 아픔 씻어준 명약

아니 백만 불로도 살 수 없는 사진 예술 작품
세계의 어느 등대보다 더 아름다운 내 마음의 등대
열대의 사막에서 보낸 3년 동안도
그 사진의 웃음 앞에서는 고통이지 않았다

손녀는 그 사진 속의
아이들이 어느 별 나라에서 왔는가
묻고 있다
나는 그냥 웃고 있다.

대추 수확

1

대추나무에 대추가 탐스럽게 열리면
이웃들에게 나누어 주던 추억
미국으로 꿈속으로 따라왔다

미국에 와서 20년 만에 장만한
집 앞뜰에 심은 대추나무
캘리포니아에서 공수하여 명당에 심었다

손녀 주먹만큼 큰 대추가
주렁주렁 탐스럽게 열려
이웃들에게 나누어 주었던 대추 수확

이사한 지 1주년이 되는 날
대추나무가 그리워 옛집에 가 보았더니
흔적도 없이 사라진 터에 무실수가 서 있었다

한 뼘의 땅이라도 놀리지 않는 동양의 작은 나라
유실수를 심어 이웃과 정을 나누었는데

아름다운 무실수를 좋아하는 미국 사람들
내 추억의 꿈을 뭉개버렸다
동양과 서양은 왜 이렇게 다르나!

미국인들은
"대추나무 사랑 걸렸네" 라는 말,
알아들을 수 있는 말이 아닐 거야.

2

여보, 여기 대추나무 싹이 난 것 보아요!
이사를 하면서 대추나무 가지 하나 꺾어 와서
뒤뜰에 꽂아 놓았던 가지에 싹이 났네
여기 또 하나 나오고 있어요!

앞뜰 양지 바른 곳으로 옮겨요
아니야, 아직 너무 일러
내년이나 옮기지
이제 평생 대추나무와 함께

꿈을 꾸며 살 수 있어요
추억 속에 꿈속에 살 수 있어요

대추차를 마시며
옛날 어린 시절 동무들과 동심으로 돌아가
친구들과 함께 꿈나라로 여행계획을 세울 수 있어요

아내여, 우리도
새집에서 기적으로
새 살림 시작할 수 있어요.

크리스마스 카드

해마다 12월이 되면
한국에 있는 친구들에게
카드 보내는 즐거움
6.25 동란 가난과 굶주림도 이겨내고
4.19 5.16 IMF 환란도 잘 참아낸
끈질긴 잡초 같은 친구들

그러나,
크리스마스카드 받을 사람 수가
해마다 줄어드는구나!

하나둘~
하늘나라로
가고

잡초같이 살아온 질긴 세대지만
운명은 거역할 수 없나니

카드를 쓰면서

옛날을 회상하는 즐거움도
하늘나라로 가면 어찌할꼬!

오호 통재라.

코리아, 켄터키 Korea, Kentucky, USA

미국 켄터키 조용한 시골 마을
아브라함 링컨이 살던 오두막집이
멀지 않은 마을, 코리아

금수강산 아름다운 조용한 아침의 나라,
순박한 백성들이 사는 가난한 나라를 다녀온 선교사
고향에 돌아와 코리아라는 마을 이름을 탄생시켰을 터

조용한 켄터키 시골 마을에
가난하지만 순박한 인정이 살아 있는
코리아 작명이 지금도 궁금하다

편지 왕래가 많았던 시골 마을에
우체국을 지어서
'코리아 우체국'이 생겨나고

교회당을 짓고
'코리아 교회'라고 작명하고
평화스러운 마을을 건설했다

〈
그러나 정확하게 누가 어떻게 그 마을 이름을
코리아라고 지었는지 아무도 모른다

내가 한국인으로 처음 찾아간 코리아, 켄터키
하나님이시여
코리아, 켄터키를 사랑하옵소서
내 기도를 들어 주옵소서.

빚과 빛

친구지간도 아니고
사제지간도 아니고
형제지간도 아니고
모자지간도 아닌데
부자지간은 더더욱 아닌데

먼 이국땅
진눈깨비 내리는 아침 출근길
모두가 급하게 가는 아침

생면부지의 인간을
같은 민족끼리도 아니고
같은 피부색도 아닌데

급한 볼일이 있어서
늦겠다고 전화하면서
어디가 어떻게 고장인지 찾아 고쳐주고
이름도 성도 남겨 두지 않고 사라진 노신사

〈
평생 잊지 못할 빚
내게 빛으로 남아 있네
이름도
전화번호도 남겨두지 않고
떠난 신사

나는 지금도 내 자동차 안에
점퍼 케이블을 갖고 다닌다
빚을 갚기 위하여

오, 찬란한 빛!

소리의 비밀

잠 안 오는 긴 겨울 밤
빗소리에 귀를 기울이면
잠이 소르르

잠 안 오는 긴 겨울 밤
바람 소리에 귀를 기울이면
잠이 소르르

창 밖에서
비 소리, 바람 소리
어우러져 노는 음악
불면을 덮어주는 소리.

노인학교

처음으로 평생 처음으로
조손(祖孫)이 등교하는 날

손녀는 초등학교로
할머니는 노인학교로

교문 들어설 때 가슴 설렌다
손녀도 그럴 것이다

내 초등학교 가는 날도 그랬고
중학교 가는 날도 그랬듯이
하늘나라 들어가는 문도 그럴까?

가슴 설레는 일 많으면 좋겠다
이제 살날이
산 날보다 적은 이 세상의 삶

등 굽은 노인 고개를 넘어가며
뒤를 돌아보며
세상이 변했다고 중얼거린다.

백 년만의 폭설

뉴스는 백 년만의 큰 폭설을 보도한다
우리는 3일째 집 안에서 영어(囹圄)의 신세가 되었네
우리 집 앞엔 눈이 얼마나 쌓였을까

차고 문을 열어 올리니
손녀 키만큼이나 눈이 쌓여 앞을 막아섰다
온 마을이 눈 속에 파묻혀
이웃과의 안부도 막혀버렸다

우리는 동굴을 파듯 조금씩 조금씩 눈을 퍼내다가
이웃 천사를 만났다
앞집 모녀가
남쪽나라 멀리 계신 부모님 생각에
우리 집 앞 눈을 치워 주고
옆집 이웃도
나이든 우리 내외, 허리 다칠세라
자진해서 눈을 치워주신다고 땀 흘리시네

쌓인 눈으로 걱정이 태산 같더니

이웃과 따뜻한 정을 나누게 되니
백 년만의 눈은 하늘의 천사가 되었네

백 년만의 폭설은
우리들을 따뜻한 사랑으로
하나 되게 하셨네

오! 아름다운 눈
이제 하늘에서 내려온
천사를 노래하리.

백 세 인생

새벽잠에서 깨어
셀 폰을 열면
백 세 인생 노래가 나온다
셀 폰이 잠을 깨우면
백 세 건강 강의가 나온다

백 세 건강 강의를 열심히 공부한
아내는 건강학 박사가 되어
먹는 것부터 잠드는 것, 모두
감독을 한다

셀 폰과 아내만 있으면
백 세 건강은 보장된다
백 세 인생 만세!

시니어 센터 Senior Center

그는
시를 쓴다
어린 아이처럼

늦은 나이에 컴퓨터를 배워
그가 쓴 시를 써서 신문사에 기고하고
이메일로 그 시를 친구에게 보낸다

어제보다 밝은 오늘
오늘보다 밝은 내일
시를 쓰고 배우기를 즐겨한 사람

우리 모두 학교에 다니는 동안
우린 늙지 않아
우린 영원한 어린 아이들이지

그는 고희를 넘기고 있지만
마음은 청춘
영원한 청년.

개구리들의 합창

산책길 작은 연못가에
'풀을 깎지 마시요 Don't mow'
푯말을 보고 걸음을 멈추니
개구리들이 "개굴개굴"
나를 반긴다

고향에서
개구리가 울면 비가 오고
비가 오면 개구리들이 울었다
"개굴개굴"

앞 논에서는
모가 자라 벼가 익어 고개를 숙일 때
개구리들이 돌아다니면
모가 쑥쑥 자랐다
모가 쑥쑥 자라면
메뚜기들이 풀쩍풀쩍 날아 다녔지

논둑에 둘러 앉아 메뚜기를 구워

맛있게 먹으며
개구리들의 합창을 듣던 어린 시절이
버지니아 작은 연못에 어른거린다
그 친구들은 여기 없고
내 얼굴만 물 위에 흔들리고 있네.

시니어 봉사

희수 미수*도 넘은 노인
오늘 새벽에 워싱턴 디씨 도매상에 가서
순두부 대량 구입하여
노인 학교 학생들 점심 준비를 한다

선배님,
이젠 그렇게 하시지 마세요
사고라도 나면
어찌시려고요

아니야, 난 새벽잠이 없어
후배들에게 도움이 된다면
활력이 넘치거든
제발 말리지 말아 줘

새벽 공기 가르며 달리는 기분은
나에게
해방의 감격 6.25의 38선 넘던 기분
한강의 기적 미국 이민 올 때처럼

감격스러워

제발 말리지 말아줘
내가 할 수 있다는 것이 즐거운 것이야
등이 굽은 선배님
도저히 말리지 못하겠네요.

*희수 77세, 미수 88세

2부

여로

케이프 혼^{Cape Horn}을 지나며

케이프 혼*을 돌아가는 무역선
태풍을 만나 흔적도 없이 사라진
선원들의 원혼이 울어 대는 케이프 혼 앞 바다

거대한 파도 앞에서 화물선은 나뭇잎 하나
연약한 인간은 죽음 앞에서 속죄를 하고
사력을 다한 그들의 절규

그 길이 영원한 이별일 줄이야!
살기 위해 선원들은 바다로 나섰는데
바다는 그들을 죽음으로 몰고 갔나

최선을 다한 후에는 기도 밖에는 없지
언제 풍랑을 만날지 모르는
그 바다를 지나가고 있네

꽃 한 송이씩
바다 위로
던지며.

*케이프 혼 : 남미의 최남단 지명

아마존의 눈물

브라질 상파울루로 여행을 갔다가 아마존에서
살고 있는 한 씨를 만났다

원주민들과 약초를 캐서 한인들에게 팔고
필요한 것들을 사가지고 돌아간다고

불타는 아마존을 바라보면
눈물이 난다고

금광에 미친 자들이 불을 지르고
원주민들을 총 쏘아 몰아내고 있다고

어차피 이곳저곳 옮겨가는 유목민들이지만
그들의 집이 불타니 또 이주를 해야 한다고

황금이 나온다는 소문에
황금에 미친 자들이 모여들고

여자들과 술, 마약이 모여들고

아마존은 황폐해지고 사라지고 있다고

도시에서 한국인들과 함께 살지 못하는 이유는
도시생활의 스트레스를 감당치 못하여

자연 속에 집을 짓고
의식주 걱정 없는 그곳이 좋다고

그래서 돌아간다고
그래서 불타는 아마존에 눈물을 흘린다고.

아마존 강 1

쾌속정을 타고 물보라를 튀기며
강물을 거슬러 올라 가다가
모래사장에 배를 세우고
큰 대자로 들어 누어 하늘을 우러러 보면

내 어릴 적 풀밭에서 보던
하늘에 구름이 흐른다
큰 붓으로 아마존 강물을 듬뿍 찍어
하늘에 글씨를 쓰고 싶다

아마존 정글이 세난도어 공원 같고
내 고향 뒷동산 같아 정겨운 동네 같다고
작은 나라 오지 출신 아이의 소원이었던
아마존 정글을 보고 간다고

 숨을 깊이 들이마셔 도시의 오염 가스에 찌든 허약한 폐에
 청정에너지를 가득 담아 가지고 가고 싶다고
 지구의 허파에 내 허파를 대고

깊이 빨아들여 깨끗이 하고 싶다고

아마존 강 바닥에 흑탄이 깔려 있어
흘러가는 강물은 먹물같이 검다고
산다는 것이 별거 아닌데
왜 그리 아둥바둥 힘들게 살았는지

하루 세끼 밥만 먹고 살면 되지
왜 그리 욕심을 부렸는지
하늘의 뜻대로
흘러가는 구름처럼 살겠노라고

내가 쓴 시를
아마존 클라우드에 올려놓아
언제 어디서나 볼 수 있게 하겠노라고
구름 위에 흘려보내고 싶다고.

아마존 강 2

아마존은 페루 산맥에서 시작해
대서양으로 흘러가는 세계 최장 강 이름
세계에서 가장 큰 정글 이름인데
정글에서 어느새 미국으로 나와
미국시장을 정복하였다

코로나 바이러스가 천황폐하가 되어
쇼핑몰을 닫으라 하면 닫아야 하고
공공 기관도 닫으라 하면 닫아야 한다

거역하는 자는 사형이다
죽지 않으려면
명령에 무조건 복종해야 한다

그러나 아마존은 독불장군,
그 위력을 과시하고 있다
코로나 바이러스가 아마존에는 특혜를 주어

천정부지로 솟아오르는

아마존 주가의 위력은
하늘이 천정이다

코로나 바이러스가 세상을 초토화 시키고
휩쓸고 지나간 세상은
이제 어떻게 변할지 아무도 모른다

사람들은 숨을 죽이고 아마존을 바라보고 있다
상점이 없는 배달부를 통해
생산자와 소비자를 직거래하는 장사꾼, 놀라워라!

여행 찬가

비행기가 이륙한 후
활주로에는 비행기에서 빠져나간 스트레스가 가득

승객들이 버린 스트레스들이
활주로에서 뒹굴고 있다

비행기가 구름 위로 올라가고
스트레스는 구름 속으로 사라진다

승객들의 가슴을 무겁게 했던 스트레스,
새털같이 가벼워져 하늘로 날아가네

인생살이 하루하루 스트레스 쌓는 일
일하는 것도 사는 것도 스트레스 쌓는 일

과적이 되면 병이 되는 것
적당한 때 적당한 곳에 버리고 와야 한다

화요일마다 쓰레기를 버리듯이

여름마다 스트레스 버리는 날을 정해야 한다

밥이 약이던 시대를 지나
여행이 명약이 된 시대를 살고 있는 현대인들에게
여행은 명약이 된다
여행은 스트레스를 풀어주는 치료사.

아마존 정글 1

아마존 정글은
브라질 베네주엘라 콜롬비아 페루 볼리비아의 국경에 놓여 있는
거대한 삼림지역이며 지구의 허파

아마존 정글을 보러
멀리 일부러 갈 필요는 없다
눈으로 볼 수 있는 나무들은 여기서도 볼 수 있다

세계의 엔지오 NGO들은
아마존을 보호하라고
맹렬하게 주장하고 있다

그 지역 정부들은
화재가 자연적으로 발생했는데
복구할 비용이 없다며 두 손 놓고 있다

선진국 사람들은
삼림을 파괴하여 건물을 지어놓고

우린 이미 건물이 들어섰으니 되돌릴 수 없다고 하고

후발 주자들에게는
나무가 있어서 지구에 좋다고
지구를 보호하라고 한다

만원버스에 간신히 올라탄 자가
뒷사람에게 타지 말라고 하는 것처럼
자동차 타이어가 터져서 모두가 고생하느니 너 하나만 걸어오라고

앞 사람이 먼저 모범을 보여야지
이기주의자들이 병균처럼 득실거린다
Quo Vadis.

아마존 정글 2

열대 우림이 우거진 오지에서
전기가 나가면 발전기도 따라 나간다
숨 막히는 더위를 피하기 위해서
개울가 물속으로 들어가면
내 온몸을 향해 기총 소사하는 모기들의 항공편대
공격을 피해

물속으로 쑥—–!
30초만 지나도 숨이 막힌다
숨을 쉴 수가 없어
물 위로 나오면 다시 환영식을 계속한다
무수한 상처를 입고 옷을 입으면
또다시 무더위의 포로가 된다

산다는 것이
생존이 힘들다
돌아갈 자동차도 비행기도 오지 않고
사면초가다
젊을 때 고생은 사서도 한다는데
은퇴 후 사서 하는 고생은 어디로 가나.

희망

그래도 비행기는 뜬다
한치 앞이 보이지 않는 시계
구름 속을 뚫고 하늘로 올라간다
작은 창으로 햇빛이 쏟아지니
마음이 밝아진다
불안감은 사라지고 안도의 한숨이 나온다

눈을 감으니 하늘 문이 열리는 듯
지나온 인생여로
파노라마처럼 떠오른다
낯선 땅에 뿌리 내리고

어제는 폭풍우
오늘은 새 아침
내일은 희망이었네
그래도 내가 탄 비행기는 뜨니까.

킬리만자로와 아마존 정글 원숭이 이야기

1
원숭이와 커피를//
왜 그곳에 또 가보고 싶은가/파리, 런던, 모스크바, 뉴욕보다 더 가고 싶은 곳은//케냐 나이로비에서/4시간이면 가는 거리/밤 새워 간 사막에서 원숭이와 마주 앉아 커피를 마시던 곳/아기 코끼리, 새끼 얼룩말 그리고 새끼 호랑이/인간을 우리 안에 가두어 놓고/구경하는 동물원//동물들이 인간을 구경하러 온 역설적인 동물원을/또 가고픈 이유는//그래, 나도 한 마리 동물이지.

2
원숭이와 바나나를//
킬리만자로의 추억을 간직하고/아마존 정글 탐험을 떠났다/넓고 넓은 열대 우림 속에서//사자, 얼룩말, 코끼리 대신/우리에 갇힌 원숭이만 보고 왔다//원숭이 세 마리/ 가족인지 친구인지//바나나를 한 다즌 사서/던져 주면/강자가 다 차지하고/약자에게는 돌아가지 않는다//열두 개를 한꺼번에/여기 저기 던져 주어도/강자가 더 가져간다//마음이 아프다//굶주리면 저렇게 되나?/

사람도 원숭이도 먹고 살기 힘들면/원숭이를 우리에서 해방시켜/자유를 주라/어디 간들 감옥보다는 낫겠지// 아마존 정글 속/많고 많은 바나나 풀 중에/원숭이 세 마리 배불리 먹을/열매가 없으랴!/킬리만자로 원숭이가 더 행복하네.

마야 문명

마야문명의 극치는
체첸이차 피라미드에 있다
1년 365일을 그늘을 보면 알 수 있고 절기를 알 수 있는 피라미드

그들은 처녀를 제물로 산제사로 지내면
신이 종족을 지켜준다고 믿고
비를 내려준다고 믿는 사람들

깊은 우물 안을 들여다보면 처녀들의 아우성이 들린다
처녀들을 산제사로 드린 가족들은
가문의 영광이라고 믿었다

운동 경기에서 승리한 청년을 산제사로 지냈다는 운동장을 보면
곧 죽을 줄 알면서도 승리하고 싶은
마야족을 알 수가 없다

야만시대는 사라졌지만

아직도 그 경기장과 우물은 그대로 남아 있어
관광자원으로 후손들을 먹여 살리고 있다

우물에는
슬픈 노래 소리가 들리고
운동장에서는 승리의 함성이 들린다.

큰 바위 얼굴

사우스 다코다 러쉬모어에
큰 바위 얼굴
큰 스케일은
땅 덩어리가 큰 나라에서 나오는가

큰 바위산 하나를 몽땅
대통령 얼굴을 새기다니
밑에서 올려다보면
현기증이 난다

미국 초대 대통령 조지 워싱턴
국토를 넓힌 토머스 제퍼슨
인간의 자유를 지킨 에이브러함 링컨
미국을 유명하게 만든 시어도어 루즈벨트 대통령이
위풍을 과시하고 있네

여름이라
반바지에 반소매 입고 온 관광객들
갑자기 펄펄 날리는 함박눈을 맞으며

좋아서인지 추워서인지
젊은 연인들은 꼭 껴안고 벌벌 떨며
모두 함박웃음을 짓고 있네

노동절 연휴
추억은
거대한 대통령 얼굴 아래서
맞은 첫눈

미국은 이해하기 어려운 큰 나라
여름에도 눈이 오는
다코다 주
겨울에는 여름이 올까
한 마디로 미국을 논하지 말자.

우루과이

북미에서 남미로 가는 여행
겨울에서 여름으로 가는 여행

겨울 추위를 피해
우루과이 몬테비디오 항구에 입항하면
'환영합니다!' 한글이
수레바퀴에 쓰여 있다

노숙자들에게 대통령궁을 내어주고
오두막집에서 작은 자동차로
출퇴근하는 대통령,
그가 어디로 출근한다는 말인가
대통령궁이 노숙자집이라면,
어이 답답허이

이런 것이 뉴스라니
여기가 천국인가 저기가 지옥인가

기부 천사 무하카 대통령
장기수 정치범, 탈옥수인 그 사람
농부들과 극빈자들의 대통령

관광 명품 1호, 한 번 만나보고 싶었는데

그가 국민행복 위해 일할 시간
뺏을 수 없어
나는 그냥 우루과이를 떠난다

노숙자는 한 사람도 없는가, 정말
대통령궁이 세상의 모든 노숙자들을 수용할 수 있을 정도
대궐인가요

가진 것이 없으면 행복한 시간이 많다고
행복 전도사 대통령의 나라
국민들은 행복해 보인다

정말 행복한 나라인가

호세무하카,
우루과이
별세상인가.

세도나

애리조나 주 세도나에 가면
하늘의 기가 제일 강하게 내려오는 곳이라고
정말 그럴까
벨락 바위 기념공원 옆에 방을 얻어 잠을 청했다

얼마 전에 돌아가신 이원상 목사님이 오셔서
살아생전에 좋은 글 많이 쓰세요
꿈속에 하시는 말
참, 신기한 일이네
나 같은 시인에게 꿈에 나타나 열심히 쓰라고
격려해 주시니 보답하는 뜻에서
열심히 써야겠네요

내 첫 시집에 마음에 드는 시가 많다고
격려해 주는 목사님께 보답을 해야겠네요.

땅 끝 마을 순례자

남미의 땅 끝 마을 Fin del Mundo*에 도착,
배낭을 메고 산 위로 올라가는 순례자들
세상의 끝을 보러 간다

바다 건너 안타르크티카* 세상 끝까지 가는 사람들도 있다
거기서 저세상 사람들을 만나게 될지
세상의 끝을 지나면 어느 세상이 나올까
슬픔도 미움도 없는 아름다운 마을이 거기 있을까

산을 오르고 바다를 건너서
세상의 끝을 본다
거기 가면 지하수가 솟아 오르며
사람의 미움과 분노가 솟아 올랐다가
눈 녹듯 사라지고
눈같이 흰 용서만 남아
눈보다 흰 사랑만 보이겠지.

* 땅 끝 마을 Fin del Mundo (Ushuaia) 남미 대륙의 최 남쪽 마을
* 안타르크티카(Antarctica)남극

수상 도시 Floating Island

페루의 푸노에 가면
호수 위에 갈대 섬을 만들어
좋아하는 이웃끼리 모여 살고 있다

잉카 선조들처럼
저녁때가 되면 앞마당에서 물고기를 낚아 올려
싱싱한 생선 요리로 만찬을 즐긴다
무엇을 먹을까 걱정하지 않는 사람들

하늘의 태양열을 끌어와
전깃불을 만들고 티브이를 통하여 바깥세상을 보고
형광등으로 밤을 밝힌다

우리도 누리지 못하고 있는
태양열 에너지를 사용하는 원시인들
자랑 삼아 그들의 안방을 보여주며
그들의 전통 옷을 입어 보게 하고
아낙네들이 만든 수공예품을 팔아 생활하며

〈
다른 곳으로 가지 않는 것은
호수 위의 삶이 좋아서
산다는 것이 별것 아닌 것
아옹다옹 살 필요가 없다는 것을
그들에게서 배운다

마음을 비우면
산다는 것이 그리 어려운 일도 아니고
마음을 비우는 일도 그리 어려운 일 아니다
잉카는 내 마음을 비우게 하고 있다.

땅 끝 마을을 찾아서

황금 공주*의 배를 타고
남으로 남으로 내려가면
땅 끝 마을 우수아이야 핀 델 문도*를 만난다
킬로만자로처럼 화산의 눈 위
함박눈 내리고 또 내려 빙하가 되었다

빙하가 갈라지고 눈물이 호수에 고인다
호수에 사는 송어요리를
백설 공주와 마주 앉아
세상을 음미하며 세상 끝을 바라본다
바울을 만나고 예수를 만난다
날마다 행복하게 살았다는 헬렌 켈러도 만나고
수령이나 먹을 수 있는 요리보다
더 좋은 요리를 대하여
하나님께 지은 죄를
속죄한다

중동 지역 죄 없는 아이들
전쟁에 시달리는 아이를 생각하면

인간은 악마다
남은 음식을 바라보며 용서를 빈다
땅 끝 마을에 와 봐야 한다
세상의 끝에서 보면 죄인이 된다.

*황금 공주 : Golden Princess Cruise
 *우수아이야 핀델문도 (Osuiya, Fin del Mundo) : 남미 최남단의 지명, 세상의 끝이라는 스페니쉬

두 도시 이야기 – 파리와 워싱턴의 거지들

1

세느강 다리는 한강보다 좁고/포토맥 강보다 작지만 세계에서 가장 유명한 다리/시인이 노래한 미라보 다리가 그렇게 만들었다//세계에서 모여든 행인들 사이/다리 위를 지나며/거지의 은전 통이 내 발에 채였다//행복한 인파 속에서/행복한 날들을 얘기하다가/당황스러운 사태가 눈앞에 벌어졌다//적선은 못할망정 쪽박을 깬 것이다/행인들과 친구들 모두 함께 사죄하듯 머리 숙여/사방으로 흩어진 동전을 주어 담고/거지에게 무릎 꿇고 사과한다/쪽박을 깬 미안함을//주머니의 동전을 모두 털털 털어서 쪽박에 가득 채워주고/가다가 뒤돌아보니//일 전짜리 몇 개만 남기고 돈 통은 조금 멀리/행인의 발에 차일 수 있도록 다시 놓으며/미소 짓는다//거지가 한 수 위로구나!//미라보 다리는 보이지 않고/거지가 이제 세느강을 지키고 있구나//말세가 가까이 왔구나.

2

　추운 겨울 아침/미국의 수도, 워싱턴/거리 모퉁이에서/깨끗하게 차려 입은 거지가/김이 모락모락 나는 커피를 마시며/구걸을 하고 있었다//"굿 모닝"/하며 인사를 하였다/나도 "굿 모닝" 하고 인사를 할까 하다가/그냥 지나쳤다/사지가 멀쩡한 사람이/왜 저러고 있나?/그렇게 보여도 무슨 사정이 있겠지/'오죽하면 거지 노릇을 하겠나'/빠른 걸음으로 지나가다가/주머니에 손을 넣어 보았다//주머니에는 있을 것은 다 있었다*/손수건, 지갑, 셀 폰, 자동차 키, 크리딧 카드//지나가면서 생각을 하니/거지가 불쌍한 생각이 들어/다시 돌아가 거지를 찾아보니/어디로 가고 없었다/출근하는 사람들만 밀려 다닐 뿐//'벌써 퇴근을 했나?/아니면 좋은 길목으로 옮겼나?'/거지도 길목이 좋아야 수입이 좋겠지.

* 있을 것은 죄다 있었다 : 윤동주 시, 「투르게네프의 언덕」에서

뉴올리언스^{New Orleans} 황혼

미국 남부 미시시피 강가에
늙은 백발의 흑인이, 홀로
트럼펫을 불고 있네
노예 해방으로 자유의 몸이 되어
뉴욕으로 시카고로 돌아다니며
트럼펫을 불며 청춘을 노래하다가

  노예 선에 실려 온 조상들 이 농장으로 팔려나갔던 항구에
  또다시
  향수를 찾아 고향에 돌아왔건만
  서러운 강바람에
  미시시피 강은
  지나간 것은 모두 아름다운 추억이라고 말하고 있네!

나 같은 죄인 살리신
그 은혜 놀라워 잃었던 생명 찾았고
광명을 얻었네[*]
어메이징 그레이스^{Amazing Grace}를 연주하면.

지나가던 행인들도
트럼펫에 따라 흥얼거리며 어깨춤 추고 있네

루이 암스트롱 흉내를 내며
잘 나가던 젊은 시절 그리워
눈을 지그시 감고 열창하면
사람들은 음악 감상료로 은전 한 닢 떨어뜨리고 가네
거리의 악사가
부끄러운 일은 아니지

찬란했던 태양이
저녁노을에 서서히 사라지고
둘러선 사람들도 다 사라지고
수평선 너머로 추억도 사라지네
아! 그리운 지난날이여!

*찬송가에서

시집보낼 데도 없고

이른 봄
꽃씨를 화분에 심었더니
하나도 죽지 않고
다 싹이 나와
내 작은 텃밭에 심고도
꽃 모종이 많이 남았네

이웃들에게 선물하려 하니
No Thank you!
당황스러운 내게
꽃들은 가련하게 되었으니
넓은 정원이 있는 친구 집에서도
원하지 않았으니

시집보낼 마땅한 혼처도 없으니
나와 함께 살아야지
아니야, 후원을 확대하면
나는 꽃부자로 등극할 거야.

아메리칸 드림^{American Dream}

아메리칸 드림 이루었나
아메리칸 드림이 무엇이었나?
미국에는 굶는 사람이 없다기에
미국에 가면 얼마나 좋을까 생각했었지
나의 소박한 꿈은
굶는 사람 없는 세상이 되었으면 얼마나 좋을까 하는 것이었지
전쟁으로 폐허가 된 땅에서 먹는 것보다 더 중요한 것은 없었지

내 소박한 꿈은 이루어진 것 같으나
아직 하나 이루지 못한 꿈 있지
좋은 시 한 편,
만인의 심금을 울리는 시 한 편
쓰는 일,

좋은 시 한 편 만날 수 있을까
만인의 심금을 울리는 시 한 편
먼저 내 심금을 울릴 시 한 편.

아테네 교훈

1

크루즈 관광선에서 내려 관광 택시를 타고 아테네로 향하는 길
기사는 관광 안내는 뒷전이고
정치얘기부터 시작한다

시민들은 돈 몇 푼에 귀중한 한 표를 팔아먹고
빚더미에 올라앉은 정치가들은
관광객 주머니만 바라보고 거리에는 거지가 넘쳐나고 있다고

한치 앞을 내다보지 못하고
민주주의가 나라를 망하게 하고 있다고
소크라테스와 아리스토텔레스의 후예답게 토론을 원한다

아테네 광장에 도착하여 더운 날씨에도
사람들은 넘쳐나고 철학자들의 후예들은
토론에 열을 올리고 토론을 계속한다

〈
그리스 아테네에 대한 얘기를 해 줄 테니
햄버거 하나 사 달라고 한다
햄버거 살 돈을 주고 정치 역사 관광 얘기를 들었다

말을 아무리 잘해도 나라를 일으켜 세우지는 못한다
자기편 이익을 위해서 정치를 하면
나라가 발전하지 못한다

국민이 잘살고 국가가 부강해야
세계가 인정을 한다
경쟁에서 이겨야 한다

2

미국이나 브라질의 땅은 비슷하다
국민들 삶의 질 차이가 나는 이유는 무엇인가
 부강한 나라와 가난한 나라 차이는 어디에서 시작하
는가?

〈
현명한 지도자가 없기 때문
선거는 현명한 지도자를 골라야 한다
그것이 민주주의다, 지혜를 실천하는 지도자가 궁핍하다

그는 박식하였다
정치 경제 역사, 모르는 것이 없었지만
한 가지 부족한 것은 먹을 것이 없는 것

민주주의 발생지
민주주의 때문에 그리스는 빚더미에 올라앉아
팔 수 있는 것은 다 팔아도 빚을 갚지 못하고 있다

정치꾼들은
시민들에게 약속한 현금을 나누어 주고
자기들은 더 많은 자금을 긁어모으고 있다고 한다

국민들은 더 이상 허리띠를 졸라 맬 수 없다고 데모를 하고

국가 파산을 하지 않으려면 어떻게 해야 할지 토론만 하고 있다
　아무리 토론을 해도 해결 방법이 없다, 빈 깡통만이 굴러다니고 있다

　민주주의가 좋으냐, 공산주의가 좋으냐
　사회주의가 좋으냐는 결론을 내리기 힘들다
　체제가 문제가 아니라 지혜가 결핍한 민주주의가 문제다

　대한민국도 그리스를 알아야 할 것 같다
　아니, 미합중국도 그리스를 알아야 할 것 같다
　세계 모든 나라가 빈 말이 민주주의가 다 아님을 알아야 할 것 같다.

영정 사진

어느 날 갑자기 저세상으로 떠난 친구
영정 사진으로 사용할 사진이 없다고
그의 가족이 보낸 에스오에스^{SOS}

그의 독사진 한 장
내 사진첩에서 아무리 찾아도 찾을 수가 없네
누가 그럴 줄 알았나, 그리 급하게 떠나갈 줄을!

전문 사진사를 찾아서
독사진 하나 찍었는데
내 모습이 아니라고 투덜거리니

보릿고개
6.25 동란에도 살아나
이국 땅 비바람 세월의 흔적 거기 있었네

포토샵으로 주름살 지워주고 에이지 스팟$^{Age\ Spot}$도 지워주며
내 모습 찾아준 사진사
그래, 영정사진은 나 같지 않아야지
아암, 그래야지!

오늘 밤에도 달이 뜨겠지

그 사람은 이런 대공황 중에
큰 집을 샀다고 행복해했다

벙어리 3년, 귀머거리 3년
휴일 없는 30년

집값이 반 토막 났다고
증권이 깡통 되었다고
빅 쓰리가 휘청거린다고

원자탄이 터져도 꺼지지 않을 것 같던 미국이
911 테러에 휘청거리고 있다
한.중.일, 유럽도 몸살을 앓고 있다

그래도
오늘 밤에도 달이 뜨겠지
내일 아침엔 동쪽에서 해가 뜨겠지

수백억 빚을 지고도
자가용 비행기 타고 다니는 사람들, 꼴불견이다.

은퇴 1주년

가야 할 곳도
오라는 곳도 없지만
은퇴전보다 더 바쁘다

달라진 것은
알람 틀지 않아도 되고
아침마다 자동차 물결 파도에 쓸려 다니지 않아도 되는 것

바쁘게 달리다가 종점에 도착하여
과거를 들여다보면
허무한 삶

옆도 보지 못하고
앞만 보고 뛰어 다닌
지나간 긴 세월

자동차를 타고 남쪽 바다 끝
키웨스트까지 달려가

새로운 것을 찾아보지만
헤밍웨이가 키우던
고양이 후예들이 반겨줄 뿐
갈매기들은 제 갈 길이 있는 듯 바쁘게 날아다닌다

산다는 것이 화려한 것도
초라한 것도 아니다
하루 이틀 1년 2년 지나다가
하늘나라 가는 것

어느 날 아침
일어나지 못하면 끝나는 것이 이승인 것
저승에 애착은 없다
때가 되면 가게 될 것을

배우고 싶은 것
가보고 싶은 곳
만나고 싶은 사람들
물결 따라 바람 따라 가면 되는 것.

은혜의 빚

은퇴했으니
봉사 좀 하시지요

시간이 없어요
내년에나 하겠습니다

그간 받은 은혜의 빚
죽기 전에 갚아야지요

위에서 받은 빚
앞으로 갚아야지요

두 발이 성할 때 하지 않으면
네 발로는 힘들고
여섯 발로는 더 힘들고

더 기다리면
더 큰 빚쟁이가 되어
죽어도 다 갚지 못할 빚쟁이가 되기 전에
내일부터 시작해야겠네요.

이방인

외국인이 미국에 살면 아메리칸
한국인이 미국에 살면 코메리칸

아메리칸은 영어로 말하는데
코메리칸은 콩글리시로 말한다

미국인과 대화할 땐
영어로 말해도 콩글리시라 안 통하고

한국인과 말할 땐
한국말로 말해도 콩글리시 외국어라 통하지 않는다

이쪽도 아니고 저쪽도 아닌 채
산다는 게 고역이다

이쪽도 아니고 저쪽도 아니라고
중간에서 우왕좌왕

위에는 글라스씰링* 옆에는 강, 뒤에는 바다
기회의 나라 안에 기회는 어디로 갔나?

*글라스 씰링 : 투명한 유리로 된 천장

이민 1세대

비옥한 땅, 그런 것
기대하지 말자
아스팔트 갈라진 틈새라도
솟아올라야 했다

파란 수영장, 그런 것
기대하지 말자
차디찬 얼음 밑에서 쥐구멍만큼이라도 틈이 보이면
솟아올라야 했다

쾌적한 공간, 그런 것
기대하지 말자
칼바람 불어올 때, 틈만 나면 도둑처럼
안으로 들어가야 했다

서울은 초만원, 쥐구멍만한 틈도 없어
말만 들은 미국으로
바늘구멍만큼 틈만 보이면
무작정 날아와야 했다

〈
미국은 요지경 속, 유리 천정이 있어
훤히 보이지만 들어갈 틈은 없다
틈이 보이지 않아도
피가 나도 치솟아야 했다

우리 선조들이
백 년 전 하와이 사탕수수밭에서
그렇게 일했고
우리도 피땀 흘려 일했다
틈새만 있으면 솟아오리라
주저하지 말고.

3부

코로나 바이러스

범사에 감사하라[*]

코로나 바이러스로 사람들은 고통을 받고 있는데
나는 감사할 일이 많아 죄송한 마음이다
거처할 집이 있어서 고맙고
먹을 음식이 있어서 고맙고
아프지 않아서 고맙고

고독한 삶에 세상사는 재미가 없다고 불평을 하지만
이것은 참을 수 있는 일
고독하여 자기 성찰할 시간이 많아서 좋다

세상 모든 일은 양면이 있어
좋은 점이 있으면 나쁜 점도 있어
마음에 따라 행복할 수도 있고
불행할 수도 있다네.

[*]데살로니카 전서 5:16-18

봄이 오면

봄이 오면 뭘 하나
긴 겨울 끝자락에
봄이 왔건만
봄이 오면 뭘 하나

워싱턴 모뉴멘트 광장에
벚꽃이 만발한들 뭘 하나
나가지도 못하는 걸
집 안에만 있으라는데

코로나 바이러스가 호시탐탐 노린다고
고령자는 꽃구경도 가지 말라는데
봄이 오면 무얼 하나
이 세상이 감옥이네

사람을 만나면
멀리서 바라만 보고
악수도 하지 말고
포옹도 하지 말라네

〈
봄이 오면 무얼 하나
거리마다 진달래가 만발해도
워싱턴 광장에 벚꽃이 만발해도
코로나 바이러스가 점령한 이 세상.

경계인

여인이 골프 좋아하지 않는 이유는
얼굴이 검게 탈까 봐서이다

뜨거운 햇빛 아래 매일 골프를 친다 해도
흑인만큼 까맣게 되지 못하고

밤에만 밖에 나간다 해도
백인만큼 하얗게 되지 못하고

동양에서 미국으로 온 우리는
언제나 백인과 흑인의 중간에서 서 있는

어느 쪽에도 속하지 못하는
중간에 있는 경계인

서양에 살아도
속은 동양인 경계인

어쩔 수 없이 타고난 운명

받아 들여야 할 숙명

여자들은 인종에 상관없이 백옥 같은 살결을 원해
선크림$^{\text{Sun Cream}}$을 듬뿍 발라도 걱정이 태산.

어머니와 아들
- 미국 양로원 간호사

나는 죄인
어머니를 죽인 죄인입니다

코로나 바이러스 감염증세로 방콕 치료 중
심한 통증, 심한 갈증으로 아래층으로 내려가는데

휘청거리는 나를
70대의 어머니가 어느새 달려와 껴안아 부축하며

답답하지도 않냐
내 마스크를 벗기며 이마의 땀을 닦아 주셨어요

며칠 후, 아래층에서 기침 소리가 심하게 나고
어머니가 병원응급실로 실려 가고

어머니는 퇴원하지 못한 채 운명하셨다고
나는 살아서 부고 통지서를 받았어요

나는 죄인입니다
모성애가 천국으로 가게 한 희생입니다.

코스코 나들이

비가 오는데
코스코 시니어 쇼핑 시간에 가느라
새벽같이 나서서
줄을 서서 일방통행 화살표를 따라가며 쇼핑을 하네

아내는 물건을 찾고 나는 카트에 담고
사람이 오면 피하고 기다리며
반도 차지 않았는데
이백 불이 넘게 나왔네

코스코 나들이가 큰일인 깃처럼
옷을 갈아입고 손을 깨끗이 닦고
옷을 세탁을 하고
다시 샤워를 하네

코로나가 바꾸어 놓은 세상에
모두가 굴복을 하고 있네
만나는 사람마다 환자로 보라고
사람을 멀리하라는 코로나 대감 말씀.

코로나 바이러스 생일 파티

생일 파티를 한 번도 열어주지 못한 장모의 마음을 아는가!
딸 가족이 뉴욕에 살아서,
외국에 살아서 함께하지 못하다
오랜만에 워싱턴에 정착한 딸네 가족

우한 발 코로나 바이러스로 온 세상이 전쟁 중
페이스 타임으로
아들딸 3가족
축하 파티를 내 집에서 열지 못하고
컴퓨터 모니터 위에서 하다니!
그래도 얼굴을 화면 위에 보면서
사위 생일 파티를 진행했으니 다행!

케이크에 불을 켜 놓고
생일 축하 노래 합창하고
눈을 감고 소원을 말하고
촛불을 끄고
각자 페이스 타임 컴퓨터를 닫으며

해피 버스데이 해피 버스데이 해피 버스데이

코로나 바이러스가 세상을 바꾸어 놓았고
생일 파티도 바꾸어 놓았다
이런 생일 파티는 상상도 못했네!
세상이 어떻게 바뀔지
달나라에 착륙한 전대미문의 과학은
이제 바이러스 전쟁에서 맥을 못 춘다
과학 기술의 신천지가 도래하여라
그러나
사람이 그리운 시대를 떨치지 못하고 있다.

로마서 – Corona Virus

많은 사람이 죽는다는
코로나 바이러스 전염병에 걸려
자기 집 독방에서
기도하며 시를 쓴 사나이
2주 만에 완치되었다

마스크를 꼭 써야
죽음에서 살아나올 수 있다니
미녀는 싫어하겠지만
다수의 사람들은 얼굴을 가리는 마스크를 좋아할 수도 있어
여름에는 마스크 쓰기 싫지만
그래도 마스크로 얼굴, 코, 입을 숨겨야지
다른 생존방법이 없다는데

전염병의 시작은
중국 우한 박쥐 실험에서 나왔다고 말하기도 하고
우한 실험실에서 나왔다는 말도 있는데
이미 이 세상 이백만 명의 생명을 앗아갔다

세계경제를 무너트렸다
학교를 문 닫게 하고
사업체를 문 닫게 한 원흉은 누군가

바이러스가 무서워
외출하지 않으니
차량행렬이 끊이지 않던 66번 도로도
마음껏 질주할 수 있어서 좋다

고독한 시인은 독방을 더 사랑하게 되었고
작가는 word process에 여념이 없네

코로나에 걸려서 지옥에 갔다 온 사나이
건강해 져서 전염병을 이겨낼 힘을 갖추었네
환난 중에도 즐거워하라
환난은 인내를, 인내는 연단을, 연단은 소망을 이루는 줄 앎이로다.*

*롬53-4

역경 끝에 위인이

나의 조국보다 더 아픈 과거를 가진 나라
슬기로운 사람들이 살고 있는 나라
거북선을 만들 때 타이타닉을 만든 사람들
북아일랜드에는 독립할 수 있지만
국민투표로 영국과 함께 공존을 결정한 사람들이 살고 있다

바위가 많아 농사는 어렵고
비바람 때문에 골프도 어려운 나라지만
세계 챔피언이 나오고
한국여자 골프 선수들 같은 사람들이 살고 있다

나는 고생을 모르는 사람을 싫어한다
젊을 때 고생은 사서라도 하라는데
요즘 아이들 고생을 모른다
부자나라에도 어려운 사람은 있어
배고파 보지 않은 사람은 마음이 약해
나는 헝가리^{hungry} 정신이 없는 자도 싫어한다

〈
현명한 지도자는
역경 속에서 나온다는데
코로나 바이러스 대역병 끝에
위인이 나타나 인류를 구원할지.

아메리칸 풋볼

슈퍼볼 게임이 있는 날
손자의 생일날

생일 케이크에도
풋볼이 여러 개 놓여 있다

온 나라가 풋볼 이야기로
들썩 거리고 있는데

한국에서 이민 온 이민자는
풋볼이 무엇인지
잘 알지도 못하면서도
어디를 가도 잔칫집 같은 분위기가 좋아서
슈퍼볼이 열리는 날을 반긴다

백만 불짜리 복권이 팔렸다는
그 세븐 일레븐에서 복권을 사서
감추어 두고 행운을 기다린다

〈

해피 버스네이 투 유
오너라 행운아, 손자에게도
슈퍼볼 챔피언 같은 행운아!

코로나 바이러스 난리

코로나 바이러스 외출 금지령 때문에
골프장에도 가지 못하다가
새롭게 골프를 시작하는데
왜 그리 실수가 많은지
커브 볼을 때리는 야구 선수들이 존경스럽다

첫 홀 드라이브가 오른 쪽으로 슬라이스
그 다음 샷은 왼쪽 러프에 빠지고
헤드 업$^{head\ up}$을 하니 땅볼
첫 홀부터 죽을 쑨다

살아 온 인생을 되돌아보니
골프와 닮았다
내가 원하는 대로 된 적이 몇 번이나 있었나

다녀 본 여행도
골프와 닮았다
설레는 마음으로 떠났지만 돌아올 때는 실망

〈
실망한 여로는 모두 잊고
행복했던 여로만 기억하며
추억하며 살아온 내 삶의 여로가 아니었나

그 행복감 때문에
그 행복감 때문에
나는 내 인생을 여기까지 밀고 왔네

18홀 중에서 한두 번 버디^{birdie}를 잡고
한두 번 파^{par}를 히면 헹복한 골퍼^{golfor}
나는 행복한 사람
아니면 내가 미치광이가 되었나
이 난리 속에서 골프를 치다니……

춤추는 나뭇잎

나뭇가지가 비바람에 흔들리며
왈츠를 춘다
밀면 밀리고 당기면 따라 오고

풀잎은 빗방울과 춤을 추고
누웠다 일어났다 신바람이 났다
왈츠 춤을 춘다, 밀면 밀리고 당기면 따라오고

코로나 바이러스 때문에 힘드는데
비는 왜 이렇게 자주 내리나
어제 모처럼 맑은 날씨였는데.

사랑은 코로나 바이러스를 넘어

코로나 바이러스 속에서도
중년의 신랑 신부
더 행복해 하고 있네

역경을 이겨내고
폭풍 속에서도 살아남아
뜨거운 가슴에 사랑을 안고
천국 같은 행복을 누리고 있네

삶이 지옥 같은 낭떠러지에 떨어질 때도
해도 없고 별도 없는 밤하늘
정적이 스며드는 캄캄한 밤에도
사랑하는 연인의 눈빛은 반짝반짝 빛나고 있네

당신의 가슴 위에 더 빛나는 밤
세상은 연인의 가슴속으로 들어가네
당신의 눈 속에 빛과 그늘
아름다움은 영원히 빛나리.

결혼 50주년

코로나 바이러스가
쉬어가라 하여 속도를 늦추어 본다
은퇴 후
자녀들 근처로 이사 온 지 일 년
석양을 바라보며 흔들의자에 앉아
다람쥐가 두 손 모아 기도하는 모습 아름다워

하늘에는 구름이 흐르고
구름 속으로 세월이 흐르고
직장 생활 시작부터 은퇴까지
하루도 쉬지 않고 달려 온 세월이 펼쳐진다
결혼하고 두 아이 데리고 뉴델리로 떠나던 날
김포 공항에는 환송 인파가 대합실에 넘쳐났었지

한강에서 맺은 인연
포토맥 강까지 이어진 결혼 50주년
반백년이 된 아들딸
어여쁜 틴에이저가 된 손자 손녀들
한국에서 미국까지

세계를 돌고 돌아 여기까지 왔네

코비나 19 때문에//코비나 19 때문에 금값이 너무 올라가서/금혼식 금반지 생략해야겠어, 여보!/코비나 19 때문에 여행을 할 수 없어/금혼식 여행을 파리로 갈 수가 없다네, 여보//코비나 19 때문에 식구들 모일 수 없어/호텔 금혼식 멋지게 하기로 한 것 어쩔 수 없네, 여보!//코비나 19 때문에/시를 많이 쓸 수 있어, 혹시나/노벨 문학상을 타면 원하는 것 다 해 줄게, 여보.

사바나의 봄

온다던 봄소식 어디가고
추위의 쫓겨 남녘으로 내려가 숨었나
코로나 바이러스 때문에 오지 못하고 있나

남쪽으로 한나절을 달려
조지아 사바나까지 내려가 보니
온다던 봄은 그곳에 숨어 있었다

봄은
목련꽃과 살구꽃 복숭아꽃을
화사하게 피우고 있었다

봄은
할일이 너무 많아
오지 못하고 있었다

복숭아나무 그늘 아래
낚싯줄 드리우고
봄을 낚아서 돌아오니

〈
긴 겨울은 꼬리를 내리고
봄이 먼저 와
기다리고 있네.

마스크

코로나 바이러스가
누구나 마스크를 쓰고
외출을 하라고 합니다

은행 강도가 마스크를 쓰고
부끄러움을 감추고
강도짓을 하듯이

누구나 마스크를 쓰고
부끄러움을 감추고
나쁜 짓을 하고 다닙니다

범죄자들이 길거리에 넘쳐나고 있으나
경찰을 범인이 누구인지
잡을 수가 없습니다

죄를 짓고도
부끄러워하지 않는 인간들에게
코로나 바이러스는 손을 씻으라고 하고 있습니다

〈
한 번 씻어서 안 되고
매일 손을 씻으라고 합니다
나쁜 짓할 때마다 손을 씻으라고 합니다.

인생은 여행

한강에서 센느 강을 거처 포토맥 강까지 여행했었지
미주 대륙 최북단 알라스카에서
최남단 알젠틴 우수아이야^{Ushuaia}까지
신비한 자연에 감탄하면서
아직도, 보고 싶고 가고 싶은 곳 많고 많은데
코로나 바이러스 팬더믹에 가로막혀 영어(囹圄)의 몸이 되었네

킬리만자로에서 마사이 족 동네 위
빙하로 덮인 킬로만 자로의 신비함에 감탄했고
얼룩말이 뛰놀고
귀여운 코끼리 새끼들이 어슬렁거리는 시냇물 가
동물 세계에 들어가 원시인이 되어본 인간 체험
아직도 잊지 못해
미지의 세계로 가보고 싶은
마음을 달래며

부부싸움도 많았지/이혼을 하네 마네 싸웠던 일/그 때, 왜 싸웠는지도 기억이 나지 않는/지나고 나면 아무 것도 아닌 것//일어나지도 않을 근심 걱정/내 마음에 악

마가 들어오면/전신 갑주를 입고 물리쳐야 한다//인생은 장님 마라톤 경주와 같은 것/어디로 달려야 하는지 알지도 못한 채/두 사람은 전력 질주해야 하는//내 맘에 들지 않는 명품 생일 선물에/우린 아직 가야 할 길이 멀다고 한눈팔 때가 아니라고/여자의 마음을 너무 모른다고 눈물을 흘릴 때도 다 잊어버리자//부부 싸움은 칼로 물베기다/잠시 갈라졌던 물이 칼이 지나고 나면/지난 일 다 잊고 함께 가야 한다

  텃밭에 상추 고추 채소 심어
  아침저녁 돌보는 재미
  동물세계 여행에서
  식물 세계 속으로 들어가
  철 따라 세월 따라 흘러 흘러
  여기까지 왔네

아내는 눈치 9단 남편은 눈치 초단//오래 살다 보면/서로 눈치를 봐야한다/상대방의 기분이 어떤지//눈치 없는 남편은/아내의 기분을 다 알기 힘들어/아내의 기분을

잡치기 일쑤//눈치 9단 여편은/아이들 키우느라 얼굴만 보면/상대방의 기분이 어떤지 알아서 희생 봉사하는데// 남편과 아이들은/여편의 기분을 몰라 /눈물 흘리게 하는 일 많기도 하다/미안, 미안! 노력해도 안 되는 걸 어떻게 하나/눈치 9단이 계속 희생 봉사해야지

   포토맥 강물이 흘러 대서양으로 가듯
   우리 인생은 흘러 천국으로 가는가
   떠내려가지 않으려 애써 보지만
   도도히 흐르는 흐름 속에 떠내려가는 인생.

4부

윤동주의 저녁

부활

후쿠오카 구치소 앞에서
쇠창살만 보이고
사람은 보이지 않아
추운 겨울날,
돌아서려는데
걸레 같은 옷을 걸치고
동주가
옥문을 걸어 나오며 나를 반기네

먼 미국에서 찾아와 주어 고맙다고
많은 사람들이 한국에서 찾아오고
어제도 오늘도 찾아오는 분들이 있다고
아직도 부끄러워하는 동주,

"연세대 미주동문회가 윤동주문학상을 제정해
워싱턴에서 1, 2회 시카고에서 3회 시상식을 갖고,
내년, 내후년에는 로스앤젤레스에서 갖게 된다"고
저도 부끄럽게 새 소식 전했습니다.

동지사 대학 역에서

일본어도 모르면서
이렇게 쉽게
동지사 대학을 찾아 올 줄이야

교토기차역에서
전철을 타고 동지사 대학 역에서
내리면 길 건너에 동지사 대학이 있다

교정의 윤동주 시비
있는 곳을
수위 아저씨가 일려준다

시비 앞에는 꽃을 두고 가지 말라고
윤동주를 사랑하는 일본인 모임에서
말해준다

방명록에
이름과
시 한 줄 남겨두고 가시라고

〈
꽃보다
시를 사랑하는 일본인들
나라 사랑보다 시를 사랑하는 일본인들
기독교 대학, 기독교 정신이 고맙다

나는 아름다운 그들의
마음을 배우고 간다
꽃보다 아름다운 마음을.

동지사 대학 윤동주 시비 앞에서

크리스마스가 가까운 어느 날
윤동주 시비를 찾아
미국에서 일본까지 날아갔다
낙엽들이 수위를 따라 다니며 길을 안내해 주고
시인이 부활해 우리 일행을 맞이해 주었네

한국인의 마음속에도
예수를 믿지 않는 일본인들 마음속에도
별들과 함께 부활한 윤동주가 살아 나와서
우리를 반기네

시인을 사랑하는 일본인들이 모여
윤동주 시를 낭송하고
동지사 대학에서, 릿쿄 대학에서
후쿠오카 구치소 앞에서 윤동주의 형장을 찾아가는 모습

시인을 사랑하는 한국인들도 바다를 건너
후쿠오카 구치소에서 묵념을 하고

교토 동지사 대학을 찾아가
윤동주 시비 앞에서 시인을 추모하네

시인이 태어난 지 100주년
강산도 여러 번 변하고
죽인 사람들도 다 죽었지만
윤동주 시인은 영원히 살아 있네
살아 있는 예수님처럼.

후쿠오카 감옥

　후쿠오카에서 바라다보면
　보인다는 부산 항구
　고국을 그리워하다 한이 맺힌 윤동주 시인
　무슨 주사를 맞았기에 해방을 몇 달 앞두고 하늘나라에 갔나

　시인이 마지막 살았던 감옥은 평화롭게 보인다
　처녀들이 옹기종기 쉬는 시간에 함께 모여
　깔깔 거리며 웃고 일하고 할 것 같은 공장처럼 보이는 건물

　감옥 소장을 만나보자고 정문에서 소리쳐 불러 보아도
　불러도 대답 없는 사람들
　아직 죄의식은 갖고 있는 것 같아
　나 혼자 소리쳐 보았다
　윤동주 시인이 죽어간 감방을 보고 싶다고,
　그가 남긴 외마디는 "어머니" 였냐고
　정말 묻고 싶었다
　아무도 기억하지 못한다고 말하겠지만.

윤동주 시인에게
−일본에서

당신에 대한 저의 최소한의 예의와 도리를 다하기 위해
일본여행을 단행,
릿쿄 대학, 동지사 대학 교정을 걷고
당신의 숨결과 발자취를 찾아갔습니다
동지사 대학 시비 앞에서
눈을 감았습니다
흑백사진 속의 청순한 얼굴과
원고지 위에 쓴 단정한 펜글씨가
아직도 그대로 아른거렸습니다

예수보다 짧은 인생을 살다간 비명의 시인이여,
시는 식민지 시대, 죽음의 터널을 지나
생명과 평화의 따뜻한 초록빛,
신록일 것입니다

죽기 전에 북간도, 당신의 생가가 있고
묘지가 있는 고향을 찾아 나서겠습니다.

윤동주 시인의 밤

당신을 사랑하는 사람들이 모여 "새로운 길, 서시, 별 헤는 밤, 자화상, 병원"을 낭송하고 헤어졌다 뉴욕, 뉴포트 뉴스, 리치몬드로부터 모인 사람들

나는 그들의 얼굴에서 당신의 얼굴을 보았습니다 비가 내리는 겨울밤에 멀리 떠나가는 그들의 얼굴에서 당신의 눈물, 겸허함을 보았습니다

북간도의 소년, 연희 전문학교, 동지사 대학 청년, 후쿠오카 감옥의 죽음에 이르는 수난의 짧은 인생이 십자가에 매달린 예수의 나이보다 젊었어라

문학을 함께 나누는 사람들, 슬픔을 함께 나누는 사람들, 사랑을 함께 나누는 사람들이 워싱턴에 모였다 겨울 비 속으로 흩어졌다 헤어지기 섭섭한 마음으로

윤동주의 저녁은 한 편의 시였습니다.

윤동주 언덕 대화

 일본에서 온 시인은 윤동주가 감옥에서 맞은 주사는 바닷물에 죽은 사람의 피와 동물의 피를 섞은 생체시험이었다고 전했다 산 사람에게 그렇게 하면 천벌을 받는다고 했는데도 말을 듣지 않다가 일본은 망했다고 했다
 중국에서 온 시인은 윤동주가 영문학을 공부하러 미국으로 갔어야 했다고 했다 그는 동주가 우선 일본에서 영문학을 공부하고 미국으로 가려고 했다 전했다
 미국에서 온 시인은 일찍 북간도 묘지에서 나와 태평양을 건너 미국으로 와서 한국어와 영어로 시를 쓰고 있다고 했다 한국 문화원에서 미국인들에게 윤동주 시를 낭송하고 '새로운 길'을 알려 주었다고 하였다
 한 미 일 시인들은
 윤동주의 시비 앞에
 시인을 기리는 소나무 한 그루씩을 심었다.

릿쿄 대학 교정에서

크리스마스이브에
윤동주 시인이 재학했던 교정에서 만난 수위
미국에서 여기까지 찾아 왔다고
반가워 할 줄 알았는데
사진 찍는 것도 행정실에서 허락을 받아 오라고
아직도 시인이 다녔을 때처럼 이상한 나라
멀리서 찾아 왔는데 반겨 주지 않는 나라
윤동주가 누구인지도 모르는 대학의 수위
부끄러워라
캠퍼스 안쪽에 이 대학 설립자 윌리암스 동상이
손짓하며 우리를 반긴다
예수를 믿는 사람들은 모두 한 형제
시인도 여기서 공부하며 "모든 죽어가는 것까지 사랑한 사람"이었다고
시인이 하늘에서 별들과 노래하며
우리 일행을 반긴다
"노세웅 시인, 반갑고, 고맙다"고
"너무 괴로워하지 말라"고
"나도 이 대학에 별로 애정이 없다"고

사진 한 장도 찍지 못하게 하는 수위를
그래도 용서하고 나왔다
기독교 대학에서
하나님, 저들을 용서해 달라고

크리스마스 이브였다.

워싱턴 한국 문화원에서

미국 사람들을 모아 놓고
또 다른 고향을 낭송할 때
윤동주가 별을 헤아리다가 내려와
미소를 짓고 있었네

모자이크 같은 흑백황색의 얼굴
또 다른 고향을 영어로 번역하여 들려주니
감명을 받은 듯
흐뭇해하네

시 낭송이 끝난 후
여러 나라에서 온 사람들
한국음식 맛에 감탄하며
다음에 또 초대해 달라고
말하고 떠나는
뒷모습이 아름다워라.

야나기하라 야스코 여사

릿쿄 대학은 윤동주가 처음 다닌 동경의 기독교 대학, 그 대학 출신 야나기하라 여사는 매년 윤동주의 기일을 맞아 윤동주 추모제를 지내고 있다. 야나기하라 야스코 여사는 윤동주의 마지막 사진을 발굴하였고 워싱턴 문화원에서 열린 윤동주 문화제에 참석하여 그 사진을 보여 주고 눈물을 흘리며 설명하던 기억이 새롭다.

그녀가 쓴 「기적의 시」 한 편을 다시 읽는다.

그 수위가 내년에는 추모제에 참석하기를 바란다.

〈기적의 시집-하늘과 바람과 별과 시〉

통곡이 찬 하늘에 얼어붙은 하카타완
유골함에서 넘쳐나는 하얀 재를
아버지가 눈물과 함께 흘려버리던 때
당신의 혼은 어디를 떠돌고 있었을까
상산봉, 국경역
한없이 기다리던 동생이 유골을 껴안고
소리도 없이 눈발 흩날리던 두만강을 건널 때
개산돈 다리구석에 웅크리고 앉아

조용히 눈물을 훔치고 있었을까
독방에서 매일 밤 꿈꾸던 고향,
그리운 집으로의 언덕길을 내려갈 때
상냥한 어머니 품에 안기어
따뜻한 젖가슴을 어루만질 수 있었을까
동산교회묘지 언덕, 덧씌운 동토가 너무 딱딱해
늦은 봄이 찾아올 때까지 얕게 묻혀 있었을 때
흩날리는 찬바람 속에서
깜빡거리는 별들을 헤아리고 있었을까
조국을 사랑하고, 누구보다 내일을 믿었고
눈빛 저쪽에는 이미 희망의 빛이 보이고 있었기에
타국에서의 스물일곱 억울한 결말을
쉽게 받아들일 수 없었음에 틀림없었으리라
모국어를 빼앗기고, 이름을 빼앗기고
한 권의 시집발행조차 차단되어진 젊은 시인
목숨을 걸고 쓴 시는 압수당해 잃어버렸지만
친구들과 가족들의 헌신으로 지켜낸 백여 편의 시는
시대의 암흑 속에 피어나는 한 송이 꽃처럼 남겨져
「기적의 시집」으로 되살아났다

시집은 시대의 기억을 운반하는 바람이 되어
사람들 가슴속에 잔잔한 파도를 일으키고
지나간 세월을 불러 모으며 내일을 향한 문을 두드린다
소리 내어 읽으면 시인의 마음소리가 들릴 듯이 애처롭고
슬픔에 목 메이며 가슴속에 퍼져나간다
시대를 넘어, 국경을 넘어 널리널리 퍼져나간다

*위 시는 그녀가 일본어로 썼고 한국 번역가가 한글로 번역한 것이다. 그녀는 시인이 아니어서 부끄럽지만 진정한 마음으로 이 시를 썼다고 고백하고 있다.

서시

하늘을 우러러 한 점 부끄럼 없게 살기를 원하는
윤동주 시인을 사랑하는 것은
내가 그렇게 살지 못하기 때문이요

윤동주 시인을
존경하는 것은
내 잘못을 탓하기 전에 남을 탓하기 때문입니다

남을 탓하는
글을 쓰는 시간에
내가 잘못한 글을 쓰게 하시고

남이 나를 모함했다는 소문은
그럴 리가 없을 거야 하며
지나치게 하시고

감사하다는 말을 듣고 싶으면
감사할 것을 찾아
찾아가서 말하게 하여 주시고

〈
용서는 서로에게 유익한 것
내가 먼저 용서를
구하게 하여 주소서

미풍에도 부끄러워하는 윤동주
왼쪽 뺨을 맞으면
오른쪽 뺨도 맞을 준비를 하라는 예수를 경외하게 하소서

예수님을 사랑한다고 하면서도
나를 더 사랑한
죄인을 용서하여 주소서

윤동주 시인은
별을 사랑하는 마음으로
모든 것을 사랑하라고 할 것이와다

윤동주 시인을 사랑하는 마음으로
윤동주 문학회를
사랑하게 하여 주소서.

■□ 시작노트 – 순례자의 길

윤동주의 발자취를 찾아서

윤동주 탄생 100주년이 지났다. 1917년 12월 30일생이니 2018년은 101주년 되는 해 나는 윤동주 시인의 일본 유학 생활과 감옥 생활의 흔적을 찾아보기로 하고 미국 워싱턴에서 태평양을 건넜다.

윤동주 시인은 1941년 연세대학을 졸업하고 그 다음 해에 일본 유학을 떠났다. 떠나기 전에 일본 이름이 없으면 일본을 갈 수가 없기에 이름을 히리누마 도쥬로 창씨 개명했다. 1942년 일본 동경에 있는 크리스찬 대학인 릿쿄 대학으로 유학을 떠났다. 릿쿄 대학 문학부 영문과 선과에 입학 일자는 1942년 4월 2일이었다. 연세대학을 함께 다니던 고종사촌 송몽규는 교토 제국대학에 다녔으므로 두 사람은 떨어져 생활하게 되었다.

릿쿄 대학은 기독교 신교의 한 교파인 성공회에서 경영하는 미션계 사립대학이다. 일본에 기독교가 전파된 지는 오래 되었지만 신자의 수는 많지 않았다. 성공회가 일본에서 번성한데는 일본 천황 소화의 친동생 중 한 사람이 영국 유학중에 성공회 신자가 되었다. 성공회는 황실의 배경이 있으므로 일본에서 활발하게 번성하였다. 릿쿄 대학은 그런 든든한 배경이 있었다.

윤동주가 입학한 영문학과의 '선과'라 함은, 대학에 입학하기 전 학력이 전문학교 출신임을 구분한 것이다. 고등학교나 대학 예과 출신은 본과라고 했다. 윤동주는 동경 교외에 하숙을 하고 있었는데 문익환 목사의 기록에 의하면 "그 집은 2층집이었고 동주의 방도 2층에 있었다. 6조방(다다미 6장짜리 방)이었던 것으로 기억한다. 동주는 내가 갔을 때 교토로 옮겨가려고 이삿짐을 싸고 있었다."고 회상했다. 윤동주의 동경 시절은 길지 않았다. 3월에 있었던 릿쿄 대학 입학시험 때부터 여름방학 중인 7월 하순까지 불과 5개월이었다.

이 시절 윤동주와 송몽규는 윤동주의 당숙 윤영춘을 만났고 우에노 공원과 니혼바시를 산책하면서 많은 이야기를 나누었다. 그때 윤동주는 벌써 물욕을 떠난 철학적 체계를 갖춘 단계로서 말할 때마다 시와 조선이라는 이름은 거의 말버릇처럼 동주의 입에서 자주 튀어 나왔기에 때가 때인 만큼 학업에만 정진하라고 각별히 주의를 주었다고 했다. 윤동주는 그때 여러 편의 시를 남겼다. 흰 그림자(1942.4.14), 흐르는 거리(1942.5.12), 사랑스런 추억(1942.5.13), 봄(날자 미상), 쉽게 씌어진 시(1942. 6.3) 등이다 이는 서울에 있던 친구 강처중에게 보낸 편지 속에 들어 있었다 더 많은 시를 썼겠지만 전해 내려오지 않은 것으로 추측된다.

그때 쓴 시 중에「흐르는 거리」라는 시가 있는데 그 당시의 심리 상태를 잘 나타내 주고 있다.

> 거리 모퉁이 붉은 포스트 상자를 붙잡고 섰을라면 모든 것이 흐르는 속에 어렴풋이 빛나는 가로등, 꺼지지 않는 것은 무슨 상징일까? 사랑하는 동무 박(朴)이여! 그리고 김(金)이여! 자네들은 지금 어디 있는가? 끝없이 안개가 흐르는데
> (1942.5.12)
>
> -「흐르는 거리」일부

심한 향수에 시달리고 있었던 것 같다.

그리고「사랑스런 추억」에서는 아래와 같이 쓰여 있다. 기차를 바라보고 있으나 아무 생각도 없이 멍하니 앉아 있는 윤동주 시인은 고국의 친구들과 가족을 그리워하고 있었을 것 같다. 거리에는 자동차도 흐르고 사람들도 흐르고 있었다. 그 당시에 한국의 청년이 일본의 동경 거리를 바라보고 있는 느끼는 감정을 상상해 보면 내가 1977년 처음으로 외국을 나갈 때, 홍콩에서 하룻밤을 지냈는데 얼마나 화려하고 복잡했는지 지금도 가슴이 멍멍한데, 그보다 훨씬 전에 한국보다 훨씬 개화한

일본 동경에서 느낀 윤동주 시인의 감정은 큰 충격으로 다가왔을 것으로 짐작된다.

"기차는 아무 새로운 소식도 없이
나를 멀리 실어다 주어,

봄은 다 가고 – 동경 교외 어느 조용한
하숙방에서, 옛 거리에 남은 나를 희망과
사랑처럼 그리워한다

오늘도 기차는 몇 번이나 무의미하게 지나가고,

오늘도 나는 누구를 기다려 기차역 가까운 언덕에서 서성거릴게다

――아아 젊음은 오래 거기 남아 있거라"

- 「사랑스런 추억」의 후반부 (1942.5.13)

이국땅에서 향수에 시달리며 마음 붙일 곳 없어 서성거리는 그 모습을 상상할 수 있다. 육신은 동경에 있지만 남의 나라라고 생각하며 공부를 끝내고 친우들이 있고 가족이 있는 고국으로 돌아가고 싶은 심정이었을 게다. 세계정세가 복잡하고 전쟁으로 많은 사람들이 죽어

가고 있고 일제의 만행은 도를 점점 더해가고 있는 시점, 일본이 항복하기 3년 전이니 시를 보면 그의 마음을 짐작할 수 있을 것 같다.

쉽게 쓰여진 시

창밖에 밤비가 속살거려
육첩방은 남의 나라

시인이란 슬픈 천명인 줄 알면서도
한줄 시를 적어 볼까,

땀내와 사랑내 포근히 품긴
보내주신 학비봉투를 받아

대학 노-트를 끼고
늙은 교수의 강의 들으러 간다

생각해 보면 어린 때 동무를
하나, 둘, 죄다 잃어버리고

나는 무얼 바라
나는 다만,
홀로 침전하는 것일까?

인생은 살기 어렵다는데
시가 이렇게 쉽게 씌어지는 것은

부끄러운 일이다

육첩방은 남의 나라
창밖에 밤비가 속살거리는데

등불을 밝혀 어둠을 조금 내몰고
시대처럼 올 아침을 기다리는 최후의 나,

나는 나에게 작은 손을 내밀어
눈물과 위안으로 잡는 최초의 악수
(1942. 6. 3)

  윤동주 시인의 하숙집이 릿쿄 대학교 길 건너 어딘가 있을 것 같았다. "육첩방은 남의 나라"라는 시구를 뇌이며 카메라를 어깨에 메고 윤동주가 다녔던 릿쿄 대학 정문을 들어섰다. 일본인 수위는 내 앞을 가로막으며 사진을 찍지 말 것을 주문했다. 내가 미국에서 윤동주가 다녔던 릿쿄 대학을 보고 싶어서 왔노라고 영어로 설명을 하였으나 잘 알아듣지 못하고 사무실에 가서 허락을 받으라는 듯한 간단한 설명과 손짓을 해서 무슨 뜻인지 알아들었다. 함께 간 딸과 사위 그리고 손자 손녀들 일행들이 있는데 사무실에 가서 허락을 받을 마음의 여유가 없고 시간이 없어서 그냥 둘러보다가 학교 설립자 윌리암스의 동상이 있기에 사진을 한 장 찍고 넓은 교정을 둘러보고 나왔다. 많은 학생들이 책가방을 들고 활보하고 있었으며 건물은 현대식으로 튼튼하게 잘 지어져 있어 보기에 좋았다. 건물은 윤동주가 다녔던 당시의 것이 아니지만 학교 운동장 어디엔가 그의 발자취가 남아 있을 것 같았다.

윤동주 시인의 하숙집 육첩방도 이 근처 어딘가에 있을 것 같은 생각을 하면서 동네를 자동차로 돌아 다녀 보았다. 2층집이 많이 있었다. 육첩방이 있을 것 같은 집들이다. 도쿄 중심부 아까사끼에 위치한 딸네 집에서 약 45분 거리에 위치한 릿쿄 대학은 학생 수도 많고 학교 규모도 대단한 대학인 것 같았다. 윤동주 시인이 다녔다는 학교라서 그런지 건물도 아름답게 보였다.

주소는 3-34-1 Nishi- Ikebukuro, Toshima-ku, Tokyo, Japan 171-8501, 전화 81-3-3985-2660 (참고 : Cell phone의 google map으로 찾아갈 수 있음, 리쓰다이 Rikkyo University, 도쿄도 도시마구 니시이케, 부쿠로 일본 성공회 대학Toshima- ku, 3-34 1 Nishikebukuro, Toshima Tokyoi 171-8501)